Enid Artursdottir

Staatsangehörigkeitsrecht

Enid Artursdottir

Staatsangehörigkeitsrecht

Widerspruch und Zurückweisung

Trainerverlag

Imprint
Any brand names and product names mentioned in this book are subject to trademark, brand or patent protection and are trademarks or registered trademarks of their respective holders. The use of brand names, product names, common names, trade names, product descriptions etc. even without a particular marking in this work is in no way to be construed to mean that such names may be regarded as unrestricted in respect of trademark and brand protection legislation and could thus be used by anyone.

Cover image: www.ingimage.com

Publisher:
Der Trainerverlag
is a trademark of
International Book Market Service Ltd., member of OmniScriptum Publishing Group
17 Meldrum Street, Beau Bassin 71504, Mauritius
Printed at: see last page
ISBN: 978-620-0-76853-7

Inhaltsverzeichnis:

I. Kreisrechtsausschuss:

1. Schreiben der Verwaltungsbehörde an die Antragstellerin:[1]

Sachgebiet: Staatsangehörigkeitswesen

Auskunft erteilt: Sachbearbeiter

Aktenzeichen: (2020)

Vollzug des Staatsangehörigkeitsgesetz (StAG);

Antrag auf Feststellung der deutschen Staatsangehörigkeit und Ausstellung eines Staatsangehörigkeitsausweises für Sie und Ihre Kinder

Unser Bescheid vom 15.06.2020;

Ihr Widerspruch vom 19.06.2020

[1] 02.07.2020

Sehr geehrte Antragstellerin,

hiermit bestätigen wir den form- und fristgerechten Eingang Ihres Widerspruches gegen unseren Ablehnungsbescheid vom 15.06.2020 und teilen Ihnen mit, dass wir diesem gemäß § 72 der Verwaltungsgerichtsordnung (VwGO) nicht abhelfen können.

Als Begründung verweisen wir auf den o.a. Bescheid.

Wir werden die Akten dem Kreisrechtsausschuss zur Entscheidung vorlegen und beantragen, den Widerspruch als unbegründet zurückzuweisen.

Mit freundlichen Grüßen

Im Auftrag

Sachbearbeiter

2. Schreiben des Kreisrechtsausschuss an die Antragstellerin:[2]

Sachgebiet: Kreisrechtsausschuss

Auskunft erteilt: Sachbearbeiterin Kreisrechtsausschuss

1. An die Antragstellerin

2. Abteilung im Hause

Aktenzeichen: (2020)

Sehr geehrte Damen und Herren,

die Widerspruchsache

der Frau Antragstellerin, und vier mj. Kinder

gegen den Landkreis, vertreten durch den Landrat

wegen Staatsangehörigkeitsrecht

[2] 07.07.2020

ist dem Kreisrechtsausschuss des Landkreises am 06. Juli 2020 von der Ausgangsbehörde (Kreisverwaltung – Abteilung) zur Entscheidung vorgelegt worden.

Sobald die erforderlichen Ermittlungen abgeschlossen sind, erhalten Sie weitere Nachricht bzw. eine Ladung zur mündlichen Verhandlung.

Bitte legen Sie alle Schriftsätze künftig in 2-facher Ausfertigung vor und geben Sie das oben genannte Aktenzeichen an.

Es wird darauf hingewiesen, dass der im Widerspruchverfahren unterlegene Beteiligte die Widerspruchsgebühr und die Auslagen des Kreisrechtsausschusses zu tragen hat und die zur zweckentsprechenden Rechtsverfolgung oder Rechtsverteidigung notwendigen Aufwendungen des obsiegenden Beteiligten erstatten muss.

Nach § 16. Abs. 5 des Landesgesetzes zur Ausführung der Verwaltungsgerichtsordnung (AGVwGO) kann der Kreisrechtsausschuss ohne mündliche Erörterung mit den Beteiligten durch die Vorsitzende entscheiden, wenn alle Beteiligten damit einverstanden sind.

Eine solche Verfahrensweise hat den Vorteil, dass das Widerspruchsverfahren bedeutend schneller abgewickelt werden kann und bei kostenpflichtigen Verfahren vom unterlegenen Beteiligten eine geringere Widerspruchsgebühr zu entrichten ist als bei einer Entscheidung des Kreisrechtsausschusses nach vorheriger mündlicher Erörterung mit den Beteiligten.

Wir bitten Sie daher, uns kurzfristig schriftlich oder per E-Mail mitzuteilen, ob Sie mit einer Entscheidung durch die Vorsitzende des Kreisrechtsausschusses ohne mündliche Verhandlung einverstanden sind.

Zusatz für 1.:

Eine Ausfertigung des Vorlageschreibens der Kreisverwaltung – Abteilung – ist zu Ihrer Kenntnis- und eventuellen Stellungnahme beigefügt.

Für Rückfragen stehen wir gerne zur Verfügung.

Mit freundlichen Grüßen

Im Auftrag

Sachbearbeiterin Kreisrechtsausschuss

3. Schreiben der Verwaltungsbehörde an die Antragstellerin:[3]

Sachgebiet: Staatsangehörigkeitswesen

Auskunft erteilt: Sachbearbeiter

Aktenzeichen: (2020)

Kreisrechtsausschuss

Im Hause

Feststellung der Staatsangehörigkeit von Frau Antragstellerin, wohnhaft in, und ihrer Kinder

Widerspruch vom 19.06.2020, eingegangen am 20.06.2020 per Mail sowie am 23.06.2020 per Einschreiben

---

[3] 02.07.2020

Sehr geehrte Damen und Herren,

gegen unseren ablehnenden Bescheid vom 15.06.2020 hat Frau Antragstellerin mit Schreiben vom 19.06.2020, eingegangen am 20.06.2020 per Mail sowie am 23.06.2020 per Einschreiben, Widerspruch eingelegt.

Frau Antragstellerin beantragte am 02.05.2020 für sich und ihre Kinder, hier eingegangen am 14.05.2020, die Feststellung der deutschen Staatsangehörigkeit.

In dem Antrag gibt sie als Geburtsstaat und Wohnsitzstaat „Preußen“ an.

Anhang der beigefügten Unterlagen ist ihre deutsche Staatsangehörigkeit unstrittig. Nach Rücksprache mit dem Einwohnermeldeamt der Verbandsgemeinde sind Frau Antragstellerin und ihre Kinder im Besitz von deutschen Pässen.

Der beantragte Staatsangehörigkeitsausweis ist gem. § 30 Abs. 3 Staatsangehörigkeitsgesetz (StAG) ein feststellender Verwaltungsakt.

Diesem muss gem. § 43 Abs. 1 VwGO ein berechtigtes Feststellungsinteresse zugrunde liegen.

Dies liegt dann vor, wenn der Besitz der deutschen Staatsangehörigkeit strittig oder klärungsbedürftig ist.

Vorliegend ist dies aus den umfangreichen vorgelegten Unterlagen nicht erkennbar.

Frau Antragstellerin und ihre Kinder haben die deutsche Staatsangehörigkeit durch Abstammung gem. §§ 1,3,4 RuStAG in der Fassung vom 22.7.1913 erworben.

Dem Widerspruch konnten wir nicht i.S.d. § 72 der Verwaltungsgerichtsordnung – VwGO – abhelfen und beantragen daher, den Widerspruch als unbegründet zurückzuweisen.

Der bisher entstandene Aktenvorgang (Blatt 1 – 95) ist als Anlage im Original beigefügt.

Mit einem Alleinentscheidungsrecht der/s Vorsitzenden sind wir einverstanden.

Mit freundlichen Grüßen

Im Auftrag

Sachbearbeiter

4. <u>Schreiben der Antragstellerin an den Kreisrechtsausschuss mit Kopie an die Verwaltungsbehörde:</u>[4]

Sehr geehrte Damen und Herren,

vielen Dank für die Zusendung Ihres Schreibens vom 07.07.2020, welches mir mit heutiger Post zugestellt wurde.

Die beigefügte Ausfertigung des Vorlageschreibens vom 02.07.2020 habe ich zur Kenntnis genommen. Anbei erlaube ich mir noch eine kurze Stellungnahme.

Im Anhang sende ich Ihnen meine „**BERUFUNGSURKUNDE**", mit welcher ich „*in das Dienstverhältnis auf Lebenszeit ernannt*" worden bin.

[4] 07.07.2020

Beamte im Dienstverhältnis auf Lebenszeit benötigen einen Nachweis ihrer Staatsangehörigkeit, wie dies auch bei Richtern, Notaren usw. der Fall ist.

Zudem benötige ich den Nachweis der Feststellung meiner Staatsangehörigkeit insbesondere für evtl. bevorstehende Bewerbungen auf eine Auslandsstelle (z.B. in der Schweiz und/oder den USA).

Wie der Sachbearbeiter des Sachgebietes „*Staatsangehörigkeitswesen*" in seinem Schreiben vom 02.07.2020 bereits mitteilt, haben meine Kinder und ich „*die deutsche Staatsangehörigkeit durch Abstammung gem. §§ 1,3,4 RuStAG in der Fassung vom 22.7.1913*[5] *erworben.*"

Dies möge er mir bitte auf einem sog. „*gelben Schein*" für mich und meine Kinder ordnungsgemäß bescheinigen.

Dabei handelt es sich, wie selbiger Sachbearbeiter selbst formuliert, um einen „*feststellenden Verwaltungsakt*". Die hierfür anfallende/n

---

[5] Zu jenem Zeitpunkt gehörten sowohl Geburts- als auch Wohnsitzstaat dem sog. Königreich „Preußen" an.

Gebühr/en – von jeweils 25,- pro auszustellendem Dokument – zu übernehmen bin ich jederzeit gerne bereit.

Würde der Sachbearbeiter seiner Dienstpflicht ohne Widerstände nachkommen, wäre kein solcher Aufwand notwendig gewesen oder geworden und auch jeglicher Widerspruch unterblieben.

Abschließend - als Antwort auf Ihre indirekte Bitte - meine Mitteilung dahingehend, mit einer „*Entscheidung durch die Vorsitzende des Kreisrechtsausschusses ohne mündliche Verhandlung einverstanden*" zu sein.

Mit freundlichen Grüßen

Antragstellerin

5. Schreiben des Kreisrechtsausschuss an die Antragstellerin:[6]

Sachgebiet: Kreisrechtsausschuss

Auskunft erteilt: Sachbearbeiterin Kreisrechtsausschuss

Aktenzeichen: (2020)

Sehr geehrte Damen und Herren,

in dem Widerspruchsverfahren

der Frau Antragstellerin

gegen den Landkreis, vertreten durch den Landrat

wegen Staatsangehörigkeitsrecht

übersenden wir Kopie des Schreibens der Fachabteilung vom 16.07.2020 zur Kenntnis.

[6] 20.07.2020

Mit freundlichen Grüßen

Im Auftrag

Sachbearbeiterin Kreisrechtsausschuss

6. <u>Schreiben der Verwaltungsbehörde an den Kreisrechtsausschuss:</u>[7]

Sachgebiet: Staatsangehörigkeitswesen

Auskunft erteilt: Sachbearbeiter

Aktenzeichen: (2020)

Kreisrechtsausschuss

Im Hause

Feststellung der Staatsangehörigkeit von Frau Antragstellerin, wohnhaft in, und ihrer Kinder

Mail von [falscher Name] bzgl. Widerspruch vom 09.07.2020 [falsche Zuordnung des Datums]

[7] 16.07.2020

Sehr geehrte Damen und Herren,

bzgl. des weiteren Anschreibens von Frau Antragstellerin [falscher Name] verweisen wir auf unsere Ausführungen im Bescheid vom 15.06.2020. Eine weitere Stellungnahme ist u.E. nach nicht notwendig.

Mit freundlichen Grüßen

Im Auftrag

Sachbearbeiter

7. <u>Schreiben der Antragstellerin an den Kreisrechtsausschuss mit Kopie an die Verwaltungsbehörde:</u> [8]

Aktenzeichen: (2020)

Sehr geehrte Damen und Herren,

vielen Dank für die Übersendung *„Kopie des Schreibens der Fachabteilung vom 16.07.2020"*. Das Schreiben habe ich zur Kenntnis genommen.

Hier sollte es nicht heißen: ***„Mail von [falscher Name] bzgl. Widerspruch vom 09.07.2020 [falsche Zuordnung des Datums]"*** bzw. *„bzgl. des weiteren Anschreibens von Frau Antragstellerin [falscher Name]"*, sondern stattdessen korrigiert: ***„Mail von [richtiger Vorname und Familienname] vom 09.07.2020 bzgl. Widerspruch [korrekte Zuordnung des Datums]"*** bzw. *„bzgl. des weiteren Anschreibens von Frau Antragstellerin [richtiger Vorname und Familienname]"*.

---

[8] 23.07.2020

Frau „*[falscher Name]*“ ist mir zwar bekannt, es liegt jedoch keine Personenidentität vor. Sie wird es Ihnen – in Ihrem Hause arbeitend – sicherlich gerne bestätigen.

Mit freundlichen Grüßen

Antragstellerin

8. Abwesenheitsnotiz der Verwaltungsbehörde: [9]

Betreff: Abwesenheitsnotiz

Sehr geehrte Damen und Herren,

in der Zeit vom 17.07.2020 bis 03.08.2020 befinde ich mich nicht im Dienst.

Emails werden nicht automatisch weitergeleitet!

In Fragen bzgl. Schülerbeförderung wenden Sie sich bitte an Herrn Sachbearbeiter, Tel., Email-Anschrift.

In Fragen bzgl. Waffen-/Jagdwesen wenden Sie sich bitte an Frau Sachbearbeiterin, Tel., Email-Anschrift.

In Fragen bzgl. Kreisordnungsamt wenden Sie sich bitte an Herrn Sachbearbeiter, Tel., Email-Anschrift.

Vielen Dank!

[9] 23.07.2020

Mit freundlichen Grüßen

Im Auftrag

Sachbearbeiter

Untere Jagd- und Waffenbehörde; ÖPNV, Schülerbeförderung

II. Recherche:

1. Kreisrechtsausschuss:

a) Einlegung eines Widerspruchs:

Gegen Verwaltungsakte der Ortsgemeinden, der Verbandsgemeindeverwaltungen, der Stadtverwaltung und der Kreisverwaltung, durch die sich BürgerInnen benachteiligt oder in ihren Rechten verletzt fühlen, kann Widerspruch eingelegt werden.

Dies kann schriftlich oder zur Niederschrift bei der Behörde erklärt werden, die den entsprechenden Verwaltungsakt erlassen hat oder unmittelbar beim Kreisrechtsausschuss der Kreisverwaltung.

Die Schriftform kann durch die elektronische Form ersetzt werden.

In diesem Fall ist das elektronische Dokument mit einer qualifizierten elektronischen Signatur nach dem Signaturgesetz zu versehen.

Bei der Verwendung der elektronischen Form sind besondere technische Rahmenbedingungen zu beachten, die auf der Homepage der Kreisverwaltung zu finden sind.

Die Einlegung eines Widerspruchs per einfacher E-Mail (das heißt, ohne eigenhändige Unterschrift beziehungsweise Signatur) ist nicht zulässig.

Soweit die Behörde, die den angefochtenen Verwaltungsakt erlassen hat, dem Widerspruch nicht abhilft, legt sie ihn mit den erforderlichen Verwaltungsvorgängen dem Kreisrechtsausschuss zur Prüfung und Entscheidung vor.

b) Verfahren vor dem Kreisrechtsausschuss:

Der Kreisrechtsausschuss setzt sich zusammen aus einer/einem Vorsitzenden (Jurist/Juristin) und zwei ehrenamtlichen Beisitzern, die aus einem Pool von derzeit siebenundzwanzig vom Kreistag gewählten Personen in einer vom Landrat am Jahresanfang festgelegten Reihenfolge herangezogen werden.

Alle Mitglieder des Kreisrechtsausschusses haben gleiches Stimmrecht und sind nicht an Weisungen gebunden.

In der Regel entscheidet der Kreisrechtsausschuss nach einer mündlichen Verhandlung, zu der sowohl die Bürger (Widerspruchsführer) als auch die Vertreter der Verwaltung (Widerspruchsgegner / Widerspruchsgegnerin) eingeladen werden.

In dieser grundsätzlich öffentlichen Verhandlung werden die Argumente ausgetauscht und die Beteiligten haben die Gelegenheit, sich gütlich zu einigen, den Widerspruch zurück zu nehmen oder dem Widerspruch abzuhelfen.

Kann keine Einigung erzielt werden, entscheidet der Kreisrechtsausschuss nach geheimer Beratung.

In bestimmten Fällen kann eine Entscheidung ohne mündliche Erörterung durch den Kreisrechtsausschuss oder durch die / den Vorsitzende/ Vorsitzenden allein getroffen werden, zum Beispiel wenn der Widerspruch verfristet eingelegt wurde und daher offensichtlich unzulässig ist oder die Beteiligten mit einer Entscheidung im schriftlichen Verfahren einverstanden sind.

Die Entscheidung wird durch schriftlichen Widerspruchsbescheid den Beteiligten bekannt gegeben.

Gegen diese Entscheidung besteht die Möglichkeit, Klage beim Verwaltungsgericht beziehungsweise Sozialgericht einzulegen.

Mit der Bekanntgabe des Widerspruchsbescheids ist das Widerspruchsverfahren beendet.

c) Kosten des Verfahrens:

Das Verfahren beim Kreisrechtsausschuss ist in der Regel gebührenpflichtig.

Davon ausgenommen sind bestimmte sozialrechtliche Verfahren.

Die Gebührenpflicht entsteht bereits mit der Vorlage des Widerspruchs beim Kreisrechtsausschuss.

Die Gebühren werden vom unterliegenden Verfahrensbeteiligten erhoben und setzen sich zusammen aus einer Widerspruchsgebühr von mindestens 20 Euro und höchstens 1.000 Euro und den Auslagen (Porto, Kosten für Ortsbesichtigungen sowie Sachverständigengutachten).

Die Höhe der Gebühren richtet sich nach der Bedeutung und dem Wert der streitigen Angelegenheit (Streitwert) und dem Verwaltungsaufwand.

Sie kann sich unter bestimmten Umständen ermäßigen, so zum Beispiel bei einer Rücknahme des Widerspruchs vor oder während der mündlichen Verhandlung, bei einer Alleinentscheidung durch die Vorsitzende/ den Vorsitzenden oder bei Abschluss eines Vergleichs.

Rechtliche Grundlagen sind unter anderem

- das Verwaltungsverfahrensgesetz (VwVfG),
- die Verwaltungsgerichtsordnung (VwGO),
- die Ausführungsgesetze hierzu sowie
- die entsprechenden sozialrechtlichen Gesetze.

d) Gesetzesgrundlagen:

i. BVerfGG §31:

(1) Die Entscheidungen des Bundesverfassungsgerichts binden die Verfassungsorgane des Bundes wie der Länder sowie alle Gerichte und Behörden.

ii. BVerfGE 77, 137 – Teso Abschnitt 22:

... Die Ablehnung der Feststellung seiner deutschen Staatsangehörigkeit wirkt sich wie eine Entziehung der Staatsangehörigkeit aus. (vgl. BVerWG DÖV 1967, S. 94f.)

iii. Grundgesetz für die Bundesrepublik Deutschland Art. 16:

(1) Die deutsche Staatsangehörigkeit darf nicht entzogen werden. Der Verlust der Staatsangehörigkeit darf nur auf Grund eines

Gesetzes und gegen den Willen des Betroffenen nur dann eintreten, wenn der Betroffene dadurch nicht staatenlos wird.

iv. Grundgesetz für die Bundesrepublik Deutschland Art. 20:

(4) Gegen jeden, der es unternimmt, diese Ordnung zu beseitigen, haben alle Deutschen das Recht zum Widerstand wenn andere Abhilfe nicht gegeben ist.

v. Verwaltungsgerichtsordnung (VwGO) §1:

Die Verwaltungsgerichtsbarkeit wird durch unabhängige, von den Verwaltungsbehörden getrennte Gerichte ausgeübt.

Selbst das Bundesverfassungsgericht entschied schon am 31.07.1973, im Urteil (BVerfGE 2, 266 [277]; 3, 288 [319 f.]; 5, 85 [126]; 6, 309 [336, 363]) Zitat:

„Es wird daran festgehalten (vgl zB BVerfG, 1956-08-17, 1 BvB 2/51, BVerfGE 5, 85), daß das Deutsche Reich den Zusammenbruch 1945 überdauert hat und weder mit der Kapitulation noch durch die Ausübung fremder Staatsgewalt in Deutschland durch die Alliierten noch später untergegangen ist; es besitzt nach wie vor Rechtsfähigkeit, ist allerdings als Gesamtstaat mangels Organisation nicht handlungsfähig.

Die BRD ist nicht `Rechtsnachfolger´ des Deutschen Reiches, sondern als Staat identisch mit dem Staat `Deutsches Reich´, - in bezug auf seine räumliche Ausdehnung allerdings `teilidentisch´."

2. Staatsangehörigkeitsübereinkommen:[10]

a) Artikel 4 – Grundsätze:

Die Staatsangehörigkeitsvorschriften jedes Vertragsstaats müssen auf folgenden Grundsätzen beruhen:

A Jeder hat das Recht auf eine Staatsangehörigkeit;

B Staatenlosigkeit ist zu vermeiden;

C niemandem darf die Staatsangehörigkeit willkürlich entzogen werden;

[10] Europäisches Übereinkommen über die Staatsangehörigkeit, Straßburg / Strasbourg, 6.XI.1997, vgl. https://www.coe.int/de/web/conventions/full-list/-/conventions/rms/090000168007f2e6

b) Artikel 6 – Erwerb der Staatsangehörigkeit:

1 Jeder Vertragsstaat sieht in seinem innerstaatlichen Recht vor, daß seine Staatsangehörigkeit kraft Gesetzes durch folgende Personen erworben wird:

A Kinder, wenn ein Elternteil zur Zeit der Geburt dieser Kinder die Staatsangehörigkeit dieses Vertragsstaats besitzt, vorbehaltlich etwaiger Ausnahmen, die sein innerstaatliches Recht für im Ausland geborene Kinder vorsieht. Bei Kindern, für welche die Vaterschaft durch Anerkennung, gerichtliche Entscheidung oder ähnliche Verfahren festgestellt wird, kann jeder Vertragsstaat vorsehen, daß das Kind die Staatsangehörigkeit entsprechend dem durch das innerstaatliche Recht festgelegten Verfahren erwirbt;

2 Jeder Vertragsstaat sieht in seinem innerstaatlichen Recht vor, daß seine Staatsangehörigkeit durch in seinem Hoheitsgebiet geborene Kinder erworben wird, die bei der Geburt keine andere Staatsangehörigkeit erwerben. Die Staatsangehörigkeit wird verliehen:

A bei der Geburt kraft Gesetzes (...)

4 Jeder Vertragsstaat erleichtert in seinem innerstaatlichen Recht folgenden Personen den Erwerb seiner Staatsangehörigkeit:

E Personen, die in seinem Hoheitsgebiet geboren sind und sich dort rechtmäßig und gewöhnlich aufhalten;

c) Artikel 10 – Bearbeitung der Anträge:

Jeder Vertragsstaat stellt sicher, daß Anträge auf Erwerb, Beibehaltung, Verlust, Wiedererwerb oder Bestätigung der Staatsangehörigkeit in angemessener Zeit bearbeitet werden.

d) Artikel 11 – Entscheidungen:

Jeder Vertragsstaat stellt sicher, daß Entscheidungen über den Erwerb, die Beibehaltung, den Verlust, den Wiedererwerb oder die Bestätigung der Staatsangehörigkeit eine schriftliche Begründung enthalten.

e) Artikel 12 – Recht auf eine Überprüfung:

Jeder Vertragsstaat stellt sicher, daß Entscheidungen über den Erwerb, die Beibehaltung, den Verlust, den Wiedererwerb oder die Bestätigung seiner Staatsangehörigkeit in Übereinstimmung mit seinem innerstaatlichen Recht einer Überprüfung durch die Verwaltung oder die Gerichte unterzogen werden können.

f) Artikel 13 – Gebühren:

1 Jeder Vertragsstaat stellt sicher, daß die Gebühren für den Erwerb, die Beibehaltung, den Verlust, den Wiedererwerb oder die Bestätigung seiner Staatsangehörigkeit angemessen sind.

2 Jeder Vertragsstaat stellt sicher, daß die Gebühren für eine Überprüfung der Entscheidungen durch die Verwaltung oder die Gerichte kein Hindernis für die Antragsteller darstellen.

III. Widerspruchsbescheid:

1. Schreiben des Kreisrechtsausschuss an die Antragstellerin:[11]

K r e i s r e c h t s a u s s c h u s s

Auskunft erteilt:

Aktenzeichen:

Ihr Zeichen:

WIDERSPRUCHSBESCHEID

[11] 06.08.2020

In der Widerspruchssache

der Frau und der Kinder

- Widerspruchsführer -

g e g e n

den Landkreis

- Widerspruchsgegner -

wegen Staatsangehörigkeitsrecht

hat der Kreisrechtsausschuss des Landkreises durch Frau Oberregierungsrätin als Vorsitzende

entschieden:

1. **Der Widerspruch wird zurückgewiesen.**
2. **Die Widerspruchsführer haben die Kosten des Verfahrens zu tragen.**

Gründe:

I.

Die Widerspruchsführer (Wf.) – die Kinder vertreten durch ihre Mutter – begehren die Feststellung der deutschen Staatsangehörigkeit und die Erteilung entsprechender Staatsangehörigkeitsausweise nach dem Staatsangehörigkeitsgesetz (StAG).

Die geborene Widerspruchsführerin, die im Besitz eines Personalausweises (gültig bis) sowie eines Reisepasses (gültig bis) ist, beantragte für sich und ihre Kinder (geb., Personalausweis gültig bis / Kinderreisepässe gültig bis) die Feststellung der deutschen Staatsangehörigkeit sowie die Erteilung entsprechender Ausweise.

Als Geburtsstaat gab sie in den Antragsformularen „Preußen" an. Sie legte Geburtsurkunden und weitere Abstammungsnachweise vor.

Auf die Anhörung des Widerspruchsgegners (Wg.) und dessen Nachfrage, welches berechtigte Interesse sie geltend mache und ob jemand Zweifel an ihrer deutschen Staatsangehörigkeit habe, erklärte sie, dass das StAG kein Sachbescheidungsinteresse kenne und daher auch kein Grund für den Antrag anzugeben sei. Das Liefern eines Interesses sei dagegen Beihilfe zu einer Straftat und das Begehren des Wg. stelle dementsprechend eine Anstiftung bzw. Verleitung diesbezüglich dar.

Mit Bescheid vom 15.06.2020 lehnte der Wg. den Antrag der Wf. Ab.

Zur Begründung führte er unter Hinweis auf die hierzu ergangene Rechtsprechung insbesondere aus, dass nach § 30 Abs. 1 Satz 1 StAG der Anspruch auf Feststellung der deutschen Staatsangehörigkeit neben dem Bestehen der deutschen Staatsangehörigkeit von keinen weiteren tatbestandlichen Voraussetzungen abhängig gemacht werde. Dass es regelmäßig der Prüfung eines berechtigten Interesses nicht bedürfe, habe jedoch nicht zur Folge, dass die Staatsangehörigkeitsbehörde ausnahmslos verpflichtet sei, auf Antrag jedes deutschen Staatsangehörigen dessen Staatsangehörigkeit festzustellen und einen Ausweis auszustellen. Es sei anerkannt, dass vergleichbar mit dem im Verwaltungsprozess erforderlichen allgemeinen Rechtsschutzbedürfnis als Ausdruck eines allgemeinen ungeschriebenen Rechtsgrundsatzes auch im Verwaltungsverfahren vor Behörden ein Antrag nur zulässig sei, wenn der Antragsteller ein schutzwürdiges Sachbescheidungsinteresse an der von ihm beantragten Amtshandlung habe. Bei der Wf. Und ihren

Kindern bestehe ersichtlich kein schutzwürdiges Interesse an der beantragten Feststellung der deutschen Staatsangehörigkeit und der Ausstellung der Ausweise. Sie und ihre Kinder seien zweifelsfrei Deutsche und Inhaber von Personalausweisen und Reisepässen. Weshalb gleichwohl die deutsche Staatsangehörigkeit zweifelhaft und klärungsbedürftig sei, sei nicht ansatzweise ersichtlich und auch trotz Nachfrage nicht erläutert worden. Die deutsche Staatsangehörigkeit werde auch nicht von anderen Behörden in Frage gestellt. Die Missbräuchlichkeit des Begehrens ergebe sich schon aus den von der Wf. bei der Antragstellung gemachten Angaben zum Wohnsitzstaat „Preußen" und der begehrten teilweisen Anwendung des RuStAG in der Fassung von 1913.

Für die Ablehnung des Antrags setzte der Wg. zudem eine Gebühr in Höhe von 18,00 € fest.

Gegen diese Ablehnung legte die Wf. mit einem am 23.06.2020 beim Wg. eingegangenen Schriftsatz Widerspruch ein.

Sie bezweifelt zunächst die Ausführungen des Wg. im Ablehnungsbescheid und wiederholt im Wesentlichen ihren Vortrag, dass das StAG kein Sachbescheidungsinteresse kenne.

Wie der Wg. selbst ausführe, sei beim Fehlen eines schutzwürdigen Interesses die zur Entscheidung berufene Behörde verpflichtet, die beantragte Amtshandlung zu verweigern. Demnach sei es dem Wg. nicht nur ausdrücklich gestattet, sonder er sei sogar verpflichtet, die beantragte Amtshandlung nicht auszuführen. Schon ein bloßer Wille am Interesse an dem Besitz eines Staatsangehörigkeitsausweises ersetze das notwendige Vorliegen eines Sachbescheidungsinteresses. Obwohl die Behörde bei fehlendem Sachbescheidungsinteresse jedenfalls nicht zur Sache entscheiden müsse, habe der Wg. als Behörde zur Sache entschieden, indem er diverse aufwendig gestellte und rechtlich begründete Anträge fadenscheinig bzw. widerrechtlich ablehnte. Selbstverständlich müsse angenommen werden, dass der Gesetzgeber mit der Neuregelung des § 30 StAG jedermann einen Anspruch auf Feststellung des Bestehens oder Nichtbestehens der deutschen Staatsangehörigkeit und damit auf Ausstellung eines Staatsangehörigkeitsausweises bzw. einer Bescheinigung über das Nichtbestehen der deutschen Staatsangehörigkeit zuerkennen wollte. Das Sachgebiet des Wg. habe sich eben per se mit dem Sachgebiet zu beschäftigen, unabhängig davon, ob der Kreis der anspruchsberechtigten Personen ersichtlich zu weit sei oder nicht. Die angeführten Personalausweise und Reisepässe seien nach dem Personalausweisgesetz Eigentum der Bundesrepublik Deutschland. Bekannt sei dürfte auch die Mitteilung des baden-württembergischen Ministeriums für Inneres, Digitalisierung und Migration vom 02.05.2017, der Staatsangehörigkeitsausweis sei das einzige Dokument, mit dem das Bestehen der deutschen Staatsangehörigkeit in allen Angelegenheiten, für die es rechtserheblich sei, verbindlich festgestellt werde. Der deutsche Reisepass und Personalausweis seien kein Nachweis für die deutsche Staatsangehörigkeit, sie begründeten nur eine Vermutung, dass der Inhaber die deutsche Staatsangehörigkeit besitze. Es dürfte daher einleuchten, dass eine Vermutung der Staatsangehörigkeit für sie nicht annähernd ausreichend sei. Diese Tatsache allein stelle schon ein schutzwürdiges Interesse dar. Darüber hinaus sei sie mit Wirkung unter Berufung in das Beamtenverhältnis auf Lebenszeit ernannt worden. Beamte im Dienstverhältnis benötigten einen Nachweis ihrer Staatsangehörigkeit, wie dies auch bei Richtern, Notaren, usw. der Fall sei. Zudem benötige sie den Nachweis insbesondere für evtl. bevorstehende Bewerbungen auf eine Auslandsstelle.

Im Einzelnen wird ergänzend auf die Schreiben der Wf. vom 19.06.2020 und 09.07.2020 Bezug genommen.

Die Widerspruchsführerin beantragt sinngemäß,

den Widerspruchsgegner unter Aufhebung des ablehnenden Bescheides vom 15.06.2020 zu verpflichten, antragsgemäß für sie und ihre Kinder die deutsche Staatsangehörigkeit festzustellen und die entsprechenden Staatsangehörigkeitsausweise auszustellen.

Der Widerspruchsgegner beantragt,

den Widerspruch zurückzuweisen

und verweist zur Begründung im Wesentlichen auf die Ausführungen im angefochtenen Bescheid.

Die Beteiligten haben sich mit einer Alleinentscheidung durch die Vorsitzende des Kreisrechtsausschusses ohne mündliche Verhandlung einverstanden erklärt.

Wegen des übrigen Sach- und Streitstandes wird auf die Verwaltungsakten des Widerspruchsgegners und auf die Schriftsätze der Beteiligten, die Gegenstand des Verfahrens waren, verwiesen.

II.

Der Widerspruch ist zulässig, hat in der Sache selbst jedoch keinen Erfolg.

Der Bescheid des Wg. ist rechtmäßig und verletzt die Wf. nicht in ihren Rechten, sie haben keinen Anspruch auf die Feststellung der deutschen Staatsangehörigkeit und Ausstellung der entsprechenden Staatsangehörigkeitsausweise (vgl. § 113 Abs. 5 Verwaltungsgerichtsordnung – VwGO – analog).

Der Bescheid findet seine Rechtsgrundlage im Staatsangehörigkeitsgesetz (StAG) in der zurzeit gültigen Fassung.

Nach § 30 Abs. 1 Satz 1 und 2 StAG wird das Bestehen oder Nichtbestehen der deutschen Staatsangehörigkeit auf Antrag von der Staatsangehörigkeitsbehörde festgestellt. Diese Feststellung ist in allen Angelegenheiten verbindlich, für die das Bestehen oder Nichtbestehen der deutschen Staatsangehörigkeit rechtserheblich ist.

Antragsberechtigt ist der jeweilige Betroffene, der nach allgemeinen verwaltungsverfahrensrechtlichen Grundsätzen ein Sachbescheidungsinteresse nachweisen kann.

Die Staatsangehörigkeitsbehörde ist demnach nicht ausnahmslos verpflichtet, auf Antrag jedes deutschen Staatsangehörigen dessen Staatsangehörigkeit festzustellen und einen Staatsangehörigkeitsausweis auszustellen. Es ist anerkannt, dass vergleichbar mit dem im Verwaltungsprozess erforderlichen allgemeinen Rechtsschutzbedürfnis als Ausdruck eines allgemeinen ungeschriebenen Rechtsgrundsatzes auch im Verwaltungsverfahren vor Behörden ein Antrag nur zulässig ist, wenn der Antragsteller ein schutzwürdiges Sachbescheidungsinteresse an der von ihm beantragten Amtshandlung hat, insbesondere diese zur Verwirklichung oder Wahrung eines Rechts benötigt. Durch diesen Grundsatz soll ausgeschlossen werden, dass die Verwaltung nicht für ersichtlich nutzlose oder unlautere Zwecke missbräuchlich in Anspruch genommen werden kann. Bei dem Fehlen eines schutzwürdigen Interesses ist die zur Entscheidung berufene Behörde zwar nicht verpflichtet, wohl aber berechtigt, die beantragte Amtshandlung allein aus diesem Grunde auch dann zu verweigern, wenn „an sich" ein Anspruch besteht.

Dieses Interesse fehlt, wenn die begehrte Verwaltungsentscheidung für den Antragsteller ohne ersichtlichen Nutzen ist, weil sie ihm offensichtlich keinerlei rechtliche oder tatsächliche Vorteile zu verschaffen vermag. Dieses Sachbescheidungsinteresse ist eine allgemeine geltende verwaltungsverfahrensrechtliche Sachentscheidungsvoraussetzung, welche die Behörde berechtigt, den Antrag selbst bei Bestehen eines materiellen Anspruchs abzulehnen. Diese Sachentscheidungsvoraussetzung gilt auch für einen Antrag auf Feststellung der deutschen Staatsangehörigkeit nach § 30 Abs. 1 S. 1 StAG. Denn die Anforderungen des allgemeinen Verwaltungsverfahrensrechts an die Antragstellung gelten grundsätzlich auch für die Feststellung des Bestehens oder Nichtbestehens der deutschen Staatsangehörigkeit, soweit das im StAG geregelte Fachrecht keine besonderen Regelungen des Verwaltungsverfahrens trifft oder durch Landesrecht abgewichen werden kann. Solche besonderen fachrechtlichen Anforderungen fehlen jedoch beim Antragsverfahren nach § 30 Abs. 1 S. 1 StAG.

Es gibt, insbesondere aus dem Gesetzgebungsverfahren, keinerlei Anhaltspunkte dafür, der Gesetzgeber hätte mit § 30 StAG abweichend von allgemeinen verwaltungsverfahrensrechtlichen Grundsätzen ein voraussetzungsloses Feststellungsverfahren einführen wollen bzw. den Antrag auf Ausstellung eines Staatsangehörigkeitsausweises in das

Belieben des Betroffenen gestellt. Vielmehr lässt auch die Gesetzesbegründung darauf schließen, dass der Gesetzgeber nicht einer letztlich unübersehbaren Menge von Personen – jemand ist entweder deutscher Staatsbürger oder nicht – einen Anspruch auf Durchführung des Verfahrens nach § 30 StAG einräumen wollte. Die Intention des Gesetzgebers, nämlich Herstellung der Rechtssicherheit für die aus der Staatsangehörigkeit abzuleitenden Rechte, spricht dafür, dass ein Anspruch auf Feststellung der deutschen Staatsangehörigkeit nicht anlasslos besteht.

Dies ist einhellige Auffassung in der höchstrichterlichen und obergerichtlichen Rechtsprechung und herrschende Meinung in der Literatur (vgl. u. a. OVG Nordrhein-Westfalen, Beschl. v. 16.07.2020, 19 A 2812/19 m.w.N.; VGH Baden-Württemberg, Beschl. v. 29.06.2020, 12 S 476/20 m.w.N.; VG Magdeburg, Urt. v. 09.09.2016, 1 A 88/169 m.w.N.; VG Potsdam, Urt. v. 14.03.2016, VG 8 K 4832/15 m.w.N.; alle juris sowie Hailbronner/Maaßen/Hecker/Kau, StAG, 6. Aufl. § 30 Rn. 3a).

Vorliegend fehlt es an einem solchen Sachbescheidungsinteresse. Die Wf. und ihre Kinder sind als Kinder deutscher Staatsangehörigen auf dem Gebiet der heutigen Bundesrepublik Deutschland geboren worden. Alle verfügen über (Kinder-)Reisepässe, die Wf. selbst und ihre älteste Tochter über Personalausweise. Die deutsche Staatsangehörigkeit der Wf. und ihrer Kinder, die von allem amtlichen Stellen als deutsche Staatsangehörige geführt werden, ist nicht zweifelhaft oder klärungsbedürftig.

Weshalb dennoch die deutsche Staatsangehörigkeit mittels verbindlicher Feststellung durch den Wg. zu klären sein sollte, erschließt sich aus dem Vortrag der Wf. nicht.

Soweit sie vorträgt, dass sie als Beamtin im Dienstverhältnis auf Lebenszeit einen Nachweis der Staatsangehörigkeit benötige, so ist dem entgegen zu halten, dass die entsprechende Ernennung unter Berufung in das Beamtenverhältnis auf Lebenszeit bereits vorgenommen wurde und der Nachweis der Staatsangehörigkeit daher hierfür nicht mehr notwendig sein kann.

Im Übrigen hat sie auch keinerlei belastbare Nachweise dafür erbracht, dass eine Behörde die deutsche Staatsangehörigkeit in Zweifel gezogen hätte. Dafür, dass der Wf. ohne die begehrte Feststellung Nachteile entstehen könnten oder sie in ihren Rechten verletzt wird, liegen keinerlei Anhaltspunkte vor. Ein drohender Verlust der deutschen Staatsangehörigkeit ist ebenfalls weder vorgetragen, noch besteht Grund zur Annahme eines solchen. Ein bloß privates Interesse am Besitz eines Staatsangehörigkeitsausweises, vermag vor dem Hintergrund, dass das behördliche Feststellungsverfahren mit erheblichem Verwaltungsaufwand verbunden ist, kein schützenswertes Sachinteresse zu begründen.

Sollte eine Behörde im Ausland bei einer eventuellen Bewerbung einen Nachweis über die Staatsangehörigkeit von ihr fordern, dann steht es der Wf. frei, unter Vorlage geeigneter Belege einen neuen Antrag beim Wg. auf Feststellung der Staatsangehörigkeit zu stellen.

Aus diesem Grund erweist sich der Ablehnungsbescheid des Wg. als rechtmäßig.

Ebenfalls zu Recht hat der Wg. für die Verwaltungshandlung eine Gebühr in Höhe von 18,00 € erhoben.

Rechtsgrundlage hierfür ist die Staatsangehörigkeits-Gebührenverordnung (StAGebV).

Nach § 1 Abs. 1 Satz 2 Nr. 2, § 3a Abs. 1 Nr. 3 dieser Verordnung werden Gebühren erhoben für Amtshandlungen, die durch Antrag auf

Erteilung einer Staatsangehörigkeitsurkunde als Staatsangehörigkeitsausweis veranlasst werden. Gebührenpflichtig ist auch die Ablehnung eines Antrags auf Vornahme einer Amtshandlung. Nach § 3a StAGebV beläuft sich die Gebühr für die Ablehnung eines Antrags in Höhe des Betrags der für die Vornahme der Amtshandlung vorgesehenen Gebühr, hier: 25,00 €, unter Berücksichtigung von § 15 Verwaltungskostengesetz. Nach Abs. 2 ermäßigt sich die Gebühr im Falle einer Ablehnung um ein Viertel. Damit ergibt sich eine Verwaltungsgebühr von 18,75 €, gerundet 18,00 €.

Die Festsetzung der Gebühr erweist sich mithin ebenfalls als rechtmäßig.

Nach alledem war der Widerspruch als unbegründet zurückzuweisen.

Über den Widerspruch konnte die Vorsitzende des Kreisrechtsausschusses mit Einverständnis der Beteiligten allein und ohne mündliche Erörterung entscheiden (§ 16 Abs. 5 Satz 2 und 3 Ausführungsgesetz zur Verwaltungsgerichtsordnung – AGVwG-). Bei dieser Entscheidung handelt es sich um eine Ermessensentscheidung. Im vorliegenden Fall war aus Verwaltungsvereinfachungs- sowie Kostenersparnisgründen zugunsten des Widerspruchsführers von diesem Alleinentscheidungsrecht der Vorsitzenden Gebrauch zu machen.

III.

Die Kostenentscheidung beruht auf § 73 Abs. 3 VwGO i. V. m. § 19 Abs. 1 des Landesgesetzes zur Ausführung der Verwaltungsgerichtsordnung (AGVwGO) sowie § 3a Staatsangehörigkeits-Gebührenverordnung (StAGebV).

Rechtsbehelfsbelehrung:

Gegen den Bescheid der Kreisverwaltung vom 15.06.2020 (Az.) in der Gestalt des Widerspruchsbescheids kann innerhalb eines Monats nach Zustellung dieses Widerspruchsbescheids Klage beim Verwaltungsgericht schriftlich, nach Maßgabe des § 55a der Verwaltungsgerichtsordnung durch Einreichung eines elektronischen Dokuments oder zu Protokoll der Urkundsbeamtin oder des Urkundsbeamten der Geschäftsstelle erhoben werden.

Die Klage muss die Klägerin oder den Kläger, die Beklagte oder den Beklagten sowie den Gegenstand des Klagebegehrens bezeichnen. Sie soll einen bestimmten Antrag enthalten. Die zur Begründung dienenden Tatsachen und Beweismittel sollen angegeben, die angefochtene Verfügung und der Widerspruchbescheid sollen in Abschrift beigefügt werden.

Falls die Klage schriftlich oder zu Protokoll erhoben wird, sollen der Klage nebst Anlagen so viele Abschriften beigefügt werden, dass alle Beteiligten eine Ausfertigung erhalten können.

Gez.:

Vorsitzende des Kreisrechtsausschusses

Die Richtigkeit vorstehender Abschrift bescheinigt:

Kreisverwaltung

06.08.2020

Im Auftrag

(Unterzeichnende)

2. Schreiben des Kreisrechtsausschuss an die Antragstellerin:[12]

Sachgebiet: Kreisrechtsausschuss

Auskunft erteilt:

Aktenzeichen:

KOSTENBESCHEID

Sehr geehrte Frau,

die Widerspruchssache

der Frau

gegen den Landkreis, vertreten durch den Landrat

wegen Staatsangehörigkeitsrecht

ist zum Abschluss gekommen durch die Entscheidung des Kreisrechtsausschusses vom 06. August 2020. Hierfür sind von Ihnen folgende Kosten zu entrichten:

[12] 07.07.2020

Die Gebühr gemäß § 3a Ziffer 3 der Staatsangehörigkeitsgebührenverordnung (- StAGebV) beträgt jeweils 25,00 €, bei 5 Personen ergibt sich eine Gesamtgebühr von 125,00 €.

Diese Gebühr wird auf 80% ermäßigt, da die Entscheidung ohne mündliche Erörterung im schriftlichen Verfahren erging

100,00 €

Auslagen für Zustellung per Postzustellungsurkunde

3,05 €

Gesamt:

103,05 €

Der Gesamtbetrag von 103,05 € ist **innerhalb von 14 Tagen** nach Bekanntgabe dieses Kostenbescheides unter Angabe der **Bürgernummer** auf eines der Konten der Kreiskasse zu überweisen.

Bitte wenden

Begründung:

Nach § 19 Abs. 1 Landesgesetz zur Ausführung der Verwaltungsgerichtsordnung i. V. m. § 3a der Staatsangehörigkeits-Gebührenverordnung haben Sie die Gebühr für das Widerspruchsverfahren zu entrichten und entstandene Auslagen für Zustellungen zu erstatten. Die Gebühr beträgt danach vorliegen je antragstellende Person bzw. je Widerspruchsführer 25,00 €.

Unter Berücksichtigung des § 3 Verwaltungskostengesetz (VwKostG) sind die Gebührensätze so zu bemessen, dass zwischen der den Verwaltungsaufwand berücksichtigenden Nutzen der Amtshandlung einerseits und der Bedeutung, dem wirtschaftlichen Wert und dem sonstigen Nutzen der Amtshandlung andererseits ein angemessenes Verhältnis besteht.

Bei einer Alleinentscheidung durch die Vorsitzende des Kreisrechtsausschusses ohne mündliche Verhandlung wird eine Gebühr in Höhe von 80 % der Gebühr für die angefochtene Amtshandlung erhoben, da der volle Verwaltungsaufwand, jedoch ohne den Aufwand für mündliche Verhandlung und Entscheidung im Gremium, entstanden ist.

Hinweis:

Diese Kosten sind von Ihnen auch dann zu bezahlen, wenn Sie beabsichtigen, gegen den angefochtenen Bescheid in Gestalt des Widerspruchsbescheides Klage beim Verwaltungsgericht zu erheben. Die Rechtmäßigkeit dieses Kostenbescheides wird von einer späteren gerichtlichen Entscheidung über die Klage nicht berührt (vgl. Urteil des Oberverwaltungsgerichtes Rheinland-Pfalz vom 27. Juni 1988 – 6 A 131/88 -). Bei den Kosten des Widerspruchsverfahrens handelt es sich aber um notwendige Aufwendungen im Sinne des § 162 Abs. 1 der Verwaltungsgerichtsordnung (VwGO), die von Ihnen im Falles eines Obsiegens vor dem Verwaltungsgericht in Ihren Kostenfestsetzungsantrag eingebracht werden können.

Rechtsbehelfsbelehrung:

Gegen diesen Bescheid kann innerhalb eines Monats nach Bekanntgabe Widerspruch erhoben werden. Der Widerspruch ist bei der Kreisverwaltung einzulegen.

Der Widerspruch kann schriftlich oder zur Niederschrift bei der Kreisverwaltung oder durch E-Mail mit qualifizierter elektronischer Signatur[13] an kv@poststelle.de erhoben werden.

Ein Widerspruch gegen diesen Kostenbescheid hat nach § 80 Abs. 2 Nur. 1 VwGO keine aufschiebende Wirkung. Sie bleiben daher ungeachtet der Erhebung eines Widerspruchs verpflichtet, den angeforderten Gesamtbetrag bei Fälligkeit zu entrichten.

Mit freundlichen Grüßen

Im Auftrag

(Unterzeichnende)

[13] Vgl. Artikel 2 Nr. 12 der Verordnung (EU) Nr. 910/2014 des Europäischen Parlaments und des Rates vom 23.07.2014 über elektronische Identifizierung und Vertrauensdienste für elektronische Transaktionen im Binnenmarkt und zur Aufhebung der Richtlinie 1999/93/EG (ABl. EU Nr. L 257 S. 73)

Printed by Books on Demand GmbH, Norderstedt / Germany